# 아옌데의 시간

## 아옌데의 시간

초판 1쇄 펴낸 날 2020년 10월 16일

지은이 로드리고 엘게타, 카를로스 레예스
옮긴이 정승희 | 편집 김소라 | 디자인 최인경
펴낸이 김삼수 | 펴낸곳 아모르문디
등록 제313-2005-00087호
주소 서울시 마포구 성미산로13길 87 201호
전화 0505-306-3336 | 팩스 0505-303-3334 | 이메일 amormundi1@daum.net

ISBN 979-11-91040-04-3  07950

한국어판 ⓒ 아모르문디, 2020

Los Años de Allende
by Carlos Reyes and Rodrigo Elgueta
Copyright ⓒ 2015
Translation ⓒ 2020 by Amormundi Publishing Company All rights reserved.
이 책의 한국어판 저작권은 PubHub 에이전시를 통한 저작권자와의 독점 계약으로 도서출판 아모르문디에 있습니다. 저작권법에 의해 한국 내에서 보호를 받는 저작물이므로 무단 전재와 무단 복제를 금합니다.

Obra editada en el marco del Programa de Apoyo a la Traducción, de la Dirección de Asuntos Culturales (DIRAC) del Ministerio de Relaciones Exteriores de Chile.

> 이 도서의 국립중앙도서관 출판예정도서목록(CIP)은 서지정보유통지원시스템 홈페이지(http://seoji.nl.go.kr)와 국가자료공동목록시스템(http://www.nl.go.kr/kolisnet)에서 이용하실 수 있습니다.
> (CIP제어번호 : CIP2020040400)

# 아옌데의 시간

카를로스 레예스 글 · 로드리고 엘게타 그림 · 정승희 옮김

아모르문디

문맹의 노동자였던 나의 아버지 카를로스,
그는 내게 책과 만화책을 넘치도록 구해주셨다.
나의 어머니 올가는 어릴 때 내가 읽어 달라는 모든 책을 인내심을 갖고 읽어주셨다.
애정 어린 언쟁을 나누는 친구인 비센테와 멜리나에게. 라파엘 로페스, 마르셀로 메야도,
마누엘 비쿠냐, 마우리시오 가르시아, 곤살로 마르티네스, 클라우디오 아길레라,
기억과 인권 박물관(특히 그곳의 월터 로블레로)에 감사드리며,
무엇보다도 로드리고 엘게타의 재능에 감사한다. 아옌데의 시절을 실제로 살았던
모든 사람들과 살바도르 아옌데 대통령에게 감사드린다.
– 카를로스 레예스

나의 가족과 친구들이 보내준 지지, 신뢰, 인내심에 감사드린다.
만화를 그리는 것은 집중력을 요하고 고독한 작업이지만 나를 행복하게 만든다.
특히 단결된 칠레를 상상하고 꿈꾸던 세대이자 자기 운명의 주인이었던
모든 이들에게 이 책을 바친다.
– 로드리고 엘게타

《아옌데의 시간》은 다음 사람들의 작업에 큰 빚을 졌다.

- 알레한드로 모노 곤살레스, 다닐로 바아몬데스, 라모나 파라 여단(BRP), 엘모 카탈란 여단(BEC)의 레닌 발렌수엘라, 엘모 카탈란.
- 칠레의 그래픽 디자이너인 안토니오 라레아, 비센테 라레아, 루이스 알보르노스, 마리오 나바로, 토마스 페레스 라빈, 호르헤 소토 베라구아, 왈도 곤살레스, 마리오 키로스, 엔리케 무뇨스, 리카르도 우비야, 엘리아스 그레이베, 오마르 로하스, 파블로 카르바할, 페데리코 시푸엔테스, 카를로스 아쿠냐, 엑토르 모야, 레네 키하다. 에르난 토레스, 와싱톤 아파블라사, 후안 폴랑코.
- 라울 루이스, 알도 프란시아, 엘비오 소토, 파트리시오 구스만, 페드로 차스켈의 영화.
- 이사벨 파라, 앙헬 파라, 빅토르 하라, 파트리시오 만스, 롤란도 알라르콘, 파요 그론도나, 오스발도 히타노 로드리게스, 킬라파윤, 인티 이이마니와 그 외 많은 이들의 음악.
- 알베르토 비방코, 호르헤 비방코, 에르난 비달(에르비), 페페 팔로모, 호르헤 마테루나의 삽화와 키만투 출판사의 모든 책.
- 루이스 포이로트, 루이스 올란도 라고스, 페르난도 벨로, 후안 가야르도, 오라시오 비야로보스, 차스 헤레첸과 많은 이들의 사진.
- 살바도르 아옌데의 인민연합 정부의 격렬한 시절을 기록한 모든 기자와 역사가.

1973년

"다른 이들이 이야기를 쓸 때
우리는 아마도 만화를 만들고 있을 것이다."

- 후안 사스투라인
(아르헨티나의 작가이자 만화가, 언론인)

## 칠레에서 계속되는 불안
- 존 니치 특파원

칠레는 들끓는 솥이다. 제도를 통해 사회주의에 도달하기를 열망하는 이 작은 나라에서 정치적인 분열은 삶의 중심이다. 트럭 기사들의 파업으로 인한 물자 부족은 상황을 더 심각하게 만들고 있다.

클라우디아는 사람들이 저항 조직을 결성 중이라고 했다. 몇 명이나 될까? 어디에 있을까? 클라우디아는 호세와 함께 있을까?

과열된 논쟁, 충격, 인민연합 정부에 반대하거나 찬성하는 시위가 상당한 폭력을 동반한 채 골목마다 벌어지고 있다. 가정과 대학, 거리와 공장, 국회와 시장에서 모두들 무슨 일이 일어날지 서로에게 묻는다. 많은 이의 머릿속에 '쿠데타'라는 단어가 맴돈다. 14일?

최근 며칠은 긴장이 더욱 고조되었다. 군대는 경계 태세에 돌입했다. 사회당 상원의원 카를로스 알타미라노가 마푸의 오스카르 기예르모 가레톤, 미르의 미겔 엔리케스와 함께 해군이 살바도르 아옌데 정권을 무너뜨리려 한다고 비난하자 그의 면책 특권 박탈이 거론되었다. 이는 중대한 반향을 불러올 수 있는 사안이다.

쿠데타는 민중 권력에 긍정적인 진전을 가져오는 데 도움을 줄 수도 있다.

대통령 측근 정보에 의하면 아옌데는 제도적인 방식으로 이 갈등의 출구를 찾길 고집하며, 파트리시오 아일윈이 이끄는 기독민주당과 합의를 이루고자 한다. 아옌데의 조언자 그룹 중 한 명은 그가 조만간 국민투표를 제안할 것이라고도 말했다. 확인필요

아옌데 대통령은 칠레의 공화국 전통과 군인들의 충성을 여전히 신뢰한다고 최근 발표했으며, 특히 육군과 카라비네로라고 불리는 경찰에 대한 신뢰를 표명했다.

카를로스 프라츠: 새로운 총사령관. 아우구스토 피노체트는 충성. 아옌데의 생각은 뭘까?

---

우편전신국
전보

뉴욕. 9월 8일. 18시
수신인 존 니치
칠레, 산티아고, 테아티노가 380번지, 52호

------------------------

전문

결정적인 한 주가 될 것임. 조짐이 좋지 않음.
K의 측근이 말해준 내용임. 몸조심.
해리

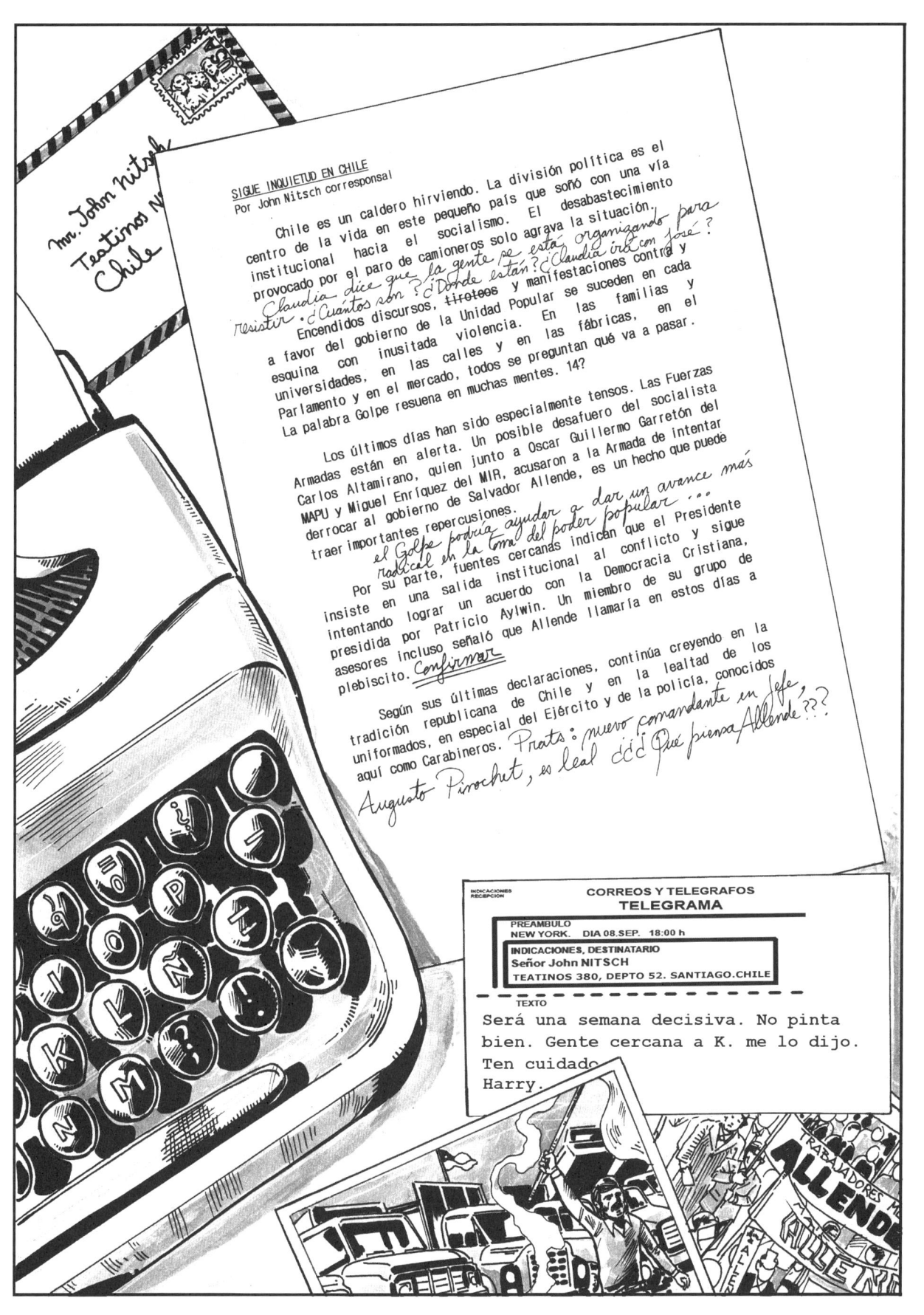

## 1970년

"나는 여러분이 돈의 힘, 압박과 협박, 왜곡된 정보,
공포와 악의에 찬 말, 사악함이 난무한 선거전에서
승리를 거두었다는 중요한 사실을
역사 앞에 말하고 싶습니다."

- 살바도르 아옌데

* Población callampa. 1950-80년대까지 도시로 이주해 온 사람들이 도시 외곽에 불법적으로 지은 판자촌. '카얌파'란 버섯이라는 뜻인데 버섯이 하룻밤 사이 자라나듯 우후죽순 재빨리 만들어졌다는 의미이다. 포블라시온이라는 단어는 토지 점거를 통해 만들어진 빈민 주거지라는 의미로 계속 등장한다.

* 무장혁명이 아니라 선거를 통해 사회주의를 달성한다는 1970년 아옌데의 선거 공약이다. 대통령 당선 후 여러 정책을 통해 이를 실행에 옮기면서 저항에 부딪힌다.

* International Telephone & Telegraph. 미국국제전신전화회사. CIA와 협조해 아옌데 정부에 대한 쿠데타를 지원했다.

* 질산염-암모니아 합성법이 만들어지기 전까지 화약 원료로 사용되었다. 이 자원과 영토를 두고 1879년 칠레와 페루-볼리비아 연합군 사이에 태평양 전쟁이 발발하였다.

19세기에 칠레는 이웃 나라들과 끔찍한 전쟁을 치렀고, 페루와 볼리비아에 매장된 많은 초석(硝石)*을 차지했다.

그 결과로 영국이 많은 배당금을 챙겼다.

1891년, 발마세다 대통령 시절에 내전이 일어났고 발마세다는 자살했다.

2차 세계대전 이후 미국이 칠레 구리에 대해 지배권을 행사하기 시작했다.

광산노조 운동이 성장했고, 1922년 공산당이 설립되었다. 1933년에는 사회당, 1957년에는 기독민주당, 1966년에는 국민당이 세워졌다.

1970년 이 조그만 나라에 많은 정당이 우후죽순으로 생겨났다.

좌파인 공산당, 사회당, 좌파혁명운동 '미르'*, 중도인 기독민주당, 우파인 국민당…

그 밖에 온갖 종류의 다양한 극단적 그룹들이 존재했다.

칠레의 1인당 국민소득은 700달러였다.

자기만의 히피즘을 추구하는 이들이 있는 반면, 구걸하는 이들도 있었다.

집권 기독민주당의 슬로건은 '자유 속의 혁명'이었다.

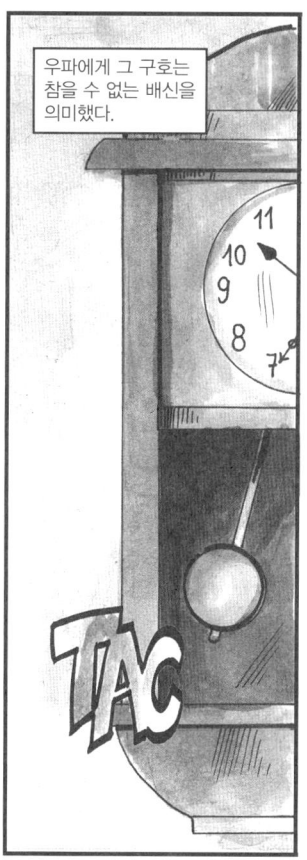

우파에게 그 구호는 참을 수 없는 배신을 의미했다.

그리고 좌파에게 사회민주주의는 너무 미지근했다.

* Movimiento de Izquierda Revolucionaria. 혁명좌파운동. 1965년에 만들어져, 1967년에서 1974년까지 콘셉시온 대학 의대 출신인 미겔 엔리케스가 주도했다.

1970년 9월 4일 금요일.

3,539,747명의 유권자가 대통령 선거를 치르려고 준비 중이었다.

존!

인민연합의 승리를 맞을 준비가 됐나요?

이날 클라우디아는 나를 도와주기로 했다. 그녀가 있으면 혼자서는 힘든 여러 장애물을 넘을 수 있을 것 같아 함께 다니자고 부탁해놓은 참이었다.

〈워싱턴 데일리 뉴스〉: "아옌데의 승리는 서구 세계 전체의 자유에 타격을 가하고 카스트로를 고무시킬 것이다."

"칠레 유권자들이 자기 나라를 공산당 전제정치의 희생양이 되지 않게 할 정도의 분별력이 있기를 바라며 믿어보자."

오후 4시에 투표가 끝났다.

여기 동지들과 함께 우파의 공포 선거전에 맞서 싸웠습니다.

오늘 우리가 큰 표차로 모미오들을 이길 겁니다.

노동자 계급이 더 많은 힘을 가질 수 있는 유일한 방법이죠. 우리는 앞으로 대치 상황을 피할 수 없다는 걸 잘 압니다.

알레산드리는 아옌데가 이 나라를 최대한 빨리 떠나게 할 거예요.

칠레는 멋진 나라고, 내일이면 역겨운 공산주의자들이 이 나라에서 몽땅 사라지겠죠.

오후 6시. 초기 개표 결과, 알레산드리가 많이 앞서 나갔다.

칠레 공산당 기관지 〈엘 시글로〉: "토믹과 알레산드리의 지지자들이 인민연합에 으름장을 놓다." "노동자들은 오늘 아옌데의 승리를 확인하게 될 것이다."

29

인민연합 지지자들이 시내와 산티아고에서 가장 부유한 지역인 바리오 알토에서 새벽까지 축하를 하는 동안, 좌파 폭도들이 그곳의 저택들을 약탈할 거란 소문이 돌았다.

그런 일은 전혀 일어나지 않았지만, 겁에 질린 몇몇은 바로 그날 밤 칠레를 떠나려고 짐을 꾸렸다.

단 몇 시간 사이에, 칠레 우파는 승리감에 도취해 있다가 공포의 나락으로 떨어졌다.

이날 밤부터 11월 4일까지, 아옌데는 신변의 안전을 위해 프로비덴시아의 과르디아비에하 가에 있는 자택에 머무르지 않았다.

그는 수많은 살해 협박을 받고 무장을 했다.

"칠레의 경험은… 전례가 없으며, 세계에서 거의 유일하다. 그래서 지역의 경계를 초월하는 힘이 있다. 오늘부터 세계 모든 나라에서 반향이 있을 것이다."
– 1970년 9월 5일 〈라스 노티시아스 데 울티마 오라〉

"칠레는 1970년 9월 4일 스스로의 운명을 바꾸었다. 이 결정이 가져올 결과는 오직 신만이 알 것이다."
– 〈클라린〉, 아르헨티나 부에노스아이레스

"우파는 패했지만 죽지 않았다."
– 〈엘 시글로〉, 9월 6일

"라틴아메리카에서 처음으로 사회주의자가 당선되다."
– 〈베를리너 모르겐포스트〉, 서독

"이 승리는 칠레의 외국인 투자자들, 특히 미국인들이 장악한 구리회사에 충격을 줄 것이다."
– 〈옵서버〉, 영국 런던

"칠레에 불확실의 시대가 열렸다. 칠레뿐 아니라 아메리카 전체에도."
– 〈엘 티엠포〉, 콜롬비아 보고타

"아옌데 박사는 칠레 자본과 외국 자본의 지배구조를 끝낼 혁명 정부를 안착시키고자 한다."
– 〈데일리 텔레그레프〉, 영국 런던

1970년 9월 13일 '조국과 자유'가 결성되었다. 독립적인 시민운동으로, 젊은 변호사 파블로 로드리게스가 이끄는 우파의 준군사 조직이었다.

같은 날 인민연합은 쿠밍가와 알라메다가가 만나는 곳에 '아옌데 승리 수호' 시위를 조직했다. 선거 이후 첫 시위였다.

우리가 칠레를 내전으로 몰아간다고 생각하는 이들은 자유를 두려워하는 겁쟁이들이다. 그들이 내전을 원한다면 우리는 여기 서서 싸울 것이다.

이 시위에서 아옌데는 자신에 대한 음모를 비난하면서 공모자 명단을 가지고 있다고 공개적으로 알렸다.

1970년 9월 23일 재정부 장관 안드레스 살디바르는

9월 4일 이래로 발생한 경제와 금융 문제는 경제 자체와는 거리가 먼 요인에 뿌리를 두고 있습니다.

초기에 가장 큰 영향을 준 것은 은행 및 여러 금융 기관에서 돈을 인출한 것입니다.

좌파의 선거 승리로 인해 경제적으로 심각한 국면이 초래되었다는 보고서를 제출했다.

이 보고서는 공포를 조장했다.

이런 속도로 계속된다면 짧은 시간 내에 나라가 마비될 겁니다.

* 1970년 10월 10~12일 산티아고 라스콘데스 지역에서 열린 록 음악 축제.

* 미국이 사주한 두 장군과 '조국과 자유'가 아옌데의 취임을 막기 위해 수행한 작전. 알파 작전은 레네 슈나이더를, 베타 작전은 카를로스 프라츠를 납치하는 계획이었다.

8시 18분.

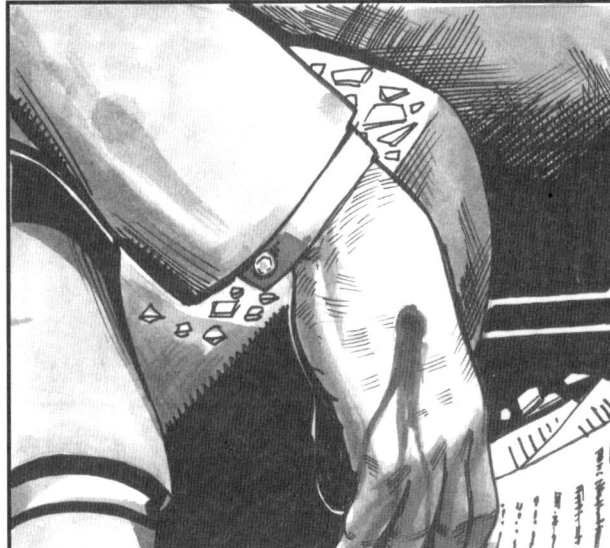

8시 20분.

## 1971년

"1970년대의 초입을 맞으면서 우리 중 몇몇은
무장투쟁을 택했고 다른 이들은 대중투쟁을 택했다.
그것이 우리를 갈라놓았다."

- 호세 앙헬 쿠에바스

"시스템 내부로부터 혁명을 한다는 전략은 속임수야.

공산당이 말하는 "계급 간의 협력"이란 불가능해.

그건 지배 계급의 자기 보전을 위한 거야."

두 사람의 게바라주의는 확고함 이상이었다. 단호하고 명확하며 싸울 준비가 된 그들의 언어는 인상적이었다.

좌파의 일부는 칠레가 쿠바의 길을 따를 수 있으며, 그래야만 한다고 확고히 믿었다.

그들은 정말로 그것이 선거를 통한 방식의 대안이 될 수 있다고 믿었던 걸까? 정녕 그것이 인민연합이 실제로 추구했던 것일까?

"거듭 말씀드리지만, 칠레에는 이 혼란에 질서를 잡고 우리가 다시 국가적인 가치로 단단해지도록 해줄 권위적인 정부가 필요해요.

계급적인 증오로 뭉친 인민연합은 내전을 불러올 겁니다. 니치 씨, 당신은 미국인이니 마르크스주의의 위험을 잘 아시죠?"

"당신도 아마 혁명의 폭력성에 대해 이러쿵저러쿵 얘기하는 걸 들었을 겁니다. 우리도 우리의 노력으로 이룬 것을 지키기 위해 싸울 겁니다."

"지금처럼 헌법적인 보장들이 사라지면 우리의 민주주의 체제는 완전히 파괴될 겁니다. 어떤 대가를 치르든 그건 피해야죠. 그러려면 우리에겐 약간의 도움이 필요할 수도 있겠죠. 이해하시죠?"

수세에 몰린 우파는 인민연합에 맞서는 맹렬한 적이었다. 그들은 자신의 특권을 지키고 칠레를 마르크스주의자들의 위협과 불손한 도발로부터 구하기 위해 무엇이든 할 태세였다.

* 1969년 3월 9일, 푸에르토몬트의 팜파 이리고엔의 토지 점거 주민들과 대치하던 경찰이 발포하여 10명이 죽고 50명 이상이 사망한 사건.
에두아르도 프레이 정권에서 일어난 일로 당시 내무부 장관이 페레스 수호빅이었다.

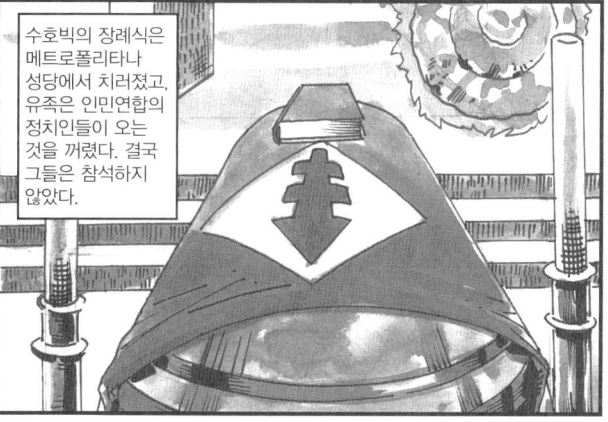

로날도 리베라 칼데론('엘 캄피야'), 아르투로 리베라 칼데론('엘 히피') 형제가 지붕을 타고 도망치다 경찰과 대치 중에 사망했다.

지독한 총성이 다섯 시간 넘게 울려 퍼졌고, 군인과 경찰 190명이 투입되었다.

1971년 6월 16일 오후 2시 7분.

VOP에 대한 소탕 작전 이틀 뒤, 전직 경찰인 에리베르토 살라사르가 테아티노가와 헤네랄 마케나가 교차하는 곳에 위치한 경찰조사본부에 잠입했다.

표면적으로 드러난 그의 목적은 체포된 여러 동지를 구하는 것이었다.

하지만 조사단장 '코코' 파레데스에게 복수하기 위해 그를 암살하려 한 것이라는 주장도 있었다.

살라사르는 부조사관 마리오 마린을 죽였다.

형사 헤라르도 로메로는 공격을 막아내다 부상을 입었다.

경찰이 그가 두르고 있던 폭약을 쏴서 날려버렸다는 말도 있다.

몇몇 증인은 살라사르 스스로 폭약을 터뜨렸다고 말한다.

VOP의 마지막 멤버의 몸은 산산조각 났고, 머리와 팔의 일부로 신원을 밝혀냈다.

유해 가운데 지갑에서 쪽지가 발견되었다.

"멍청이 아옌데가 현명했더라면 역겨운 기생충들이 이렇게 죽는 것은 피할 수 있었을 것이다…

그토록 많은 노동자의 목숨을 빼앗은 자가 암살된 것을 두고 그 요란을 떨지만 않았어도 이 사태를 피할 수 있었을 것이다. 아옌데는 배신자다."

VOP 멤버 아르투로 리베라 칼데론은 1월 5일 아옌데가 논란 속에서 석방한 사람들 중 한 명이었다.

---

VOP 멤버들은 가짜 혁명가들입니다.

그들은 범죄자와 혁명가가 뒤섞인 집단입니다.

1971년 6월 7일, 사제 라울 아스분.

민중을 대변한다는 이들을 알아갈수록 개가 더 낫다는 생각이 듭니다.

1971년 6월 17일. 농업개혁회는 812개 농장, 총 188만 헥타르의 면적에 대한 수용이 진행되었다고 발표했다.

마리오 팔레스트로는 〈엘 메르쿠리오〉에 이렇게 말했다. "우리 사회주의자들은 VOP의 영웅주의를 존중합니다. 그들이 길을 잘못 선택한 것은 맞지만, 그건 또 다른 문제입니다."

1971년 7월 8일 밤 11시에 산티아고, 발파라이소, 노르테 치코에서 지진이 발생하여 86명이 사망했다.

1971년 7월 13일, 미국 선교사들이 닉슨 대통령에게 편지를 보내 칠레가 자신의 운명을 건설해나갈 권리를 존중해줄 것을 요청했다.

다음 날 칠레 정부는 외국 민영은행 중 처음으로 뱅크오브아메리카를 국유화했다.

칠레는 또 다른 쿠바가 되어서는 안 됩니다.

1971년 7월 11일 에두아르도 프레이, 이탈리아 일간신문 〈코리에레 델라 세라〉

* 1967년 비냐델마르 영화제 이후 구체화되었으며, 좌파 사회운동과 결합했다. 미겔 리틴, 엘비오 소토, 알도 프란시아, 페드로 차스켈, 파트리시오 구스만, 라울 루이스 등의 감독이 활동하였다.

오늘날 극우파들, 파시즘 옹호자들, 가짜 민족주의자들은 민중이 규탄하는 선동적인 국가주의를 주장합니다.

그들은 소수 그룹의 이익을 수호하고 반공주의를 주장하는 시대착오적인 인물들입니다.

민중이 그들을 저지할 것이며, 파시즘은 우리나라로 넘어오지 못할 것입니다! 또한 우리는 극단주의 좌파들과도 대화나 이데올로기 논쟁을 하지 않을 것입니다.

우선 그들은 극좌파주의를 "공산주의의 소아병"이라고 말하는 레닌의 책을 읽어보는 게 좋을 것입니다.

파벌주의와 배타주의를 끝내야 합니다.

필수 소비재에 대한 투기를 근절해야 합니다.

투기꾼들과 싸워나가며, 소상인에 등을 돌리지 않고 함께해야 합니다.

계급 간의 연대가 필요합니다. 인민연합의 지지자든 아니든 상관없이 노동자, 포블라시온 거주자, 농민의 손을 잡아야 합니다.

전진합시다. 우리는 승리할 것입니다!

우리는 승리해야 합니다. 우리 조국에서의 삶이 더욱 형제애로 가득하고 증오가 없게끔 만들어야 합니다. 민중의 건설적이고 혁명적인 힘으로 우리의 도덕성을 드높여야 합니다.

전진, 칠레인들이여. 조국과 민중을 위해 우리 다시 한 번 승리합시다!

* 미르의 멤버이자 혁명농민운동 지도자로 1971년 11월 1일 테무코 체스케 농장에서 경찰에 의해 죽임을 당했다.

극우파 당원들은 여성 시위자들을 엄호했고, 이들은 즉각 미르당원들과 대치했다.

1971년 12월 4일 토요일 〈르몽드〉는 "충돌이 계속되면서 96명의 부상자가 발생했으며 그중 7명은 위중한 상태"라고 보도했다.

"이는 미리 계획된 반란 계획이자 도발 전략이며, 공권력에 도전하는 공격으로 민주주의와 법치주의를 망가뜨리기 위한 것임을 잘 보여준다." 1971년 12월 3일 내무부 장관 호세 토아의 성명.

"내무부 장관은 공공질서를 해치는 가짜 뉴스를 퍼뜨리고 소요 사태로 발생한 사망자들에 대해 추측 보도를 했다는 이유로 라디오 채널 두 개를 폐쇄한다고 발표했다."
– 1971년 12월 4일 토요일 〈르몽드〉

1971년 12월 3일.

치안 유지를 위하여 야간 통행금지를 실시합니다.

위급상황 지역을 관장하던 피노체트는 빈 냄비 행진에 뒤따른 심각한 무질서와 테러 공격 때문에 수일간 비상사태를 선포하고 통행금지를 실시한다고 공표했다.

기독민주당은 빈 냄비 행진에서 일어난 불상사에 대한 책임을 물어 호세 토아의 해임안을 제출했다.

## 1972년

"피노체트는 특별할 것 없는 평범하고 친절한 군인처럼 보인다.
그는 안전과 공공질서, 그리고 정치적 사건이라는
매우 새로운 문제들에 완전히 도취되어 있다.
자신이 중요한 사람이라고 느끼는 것을
매우 즐거워하는 것이 분명하다."

- CIA 비밀 전보

* 1차 대전 시기 프랑스의 구호로 쓰인 이후 스페인 내전(1936-39) 때 공화파가 국민파로부터 마드리드를 수호하면서 사용했다.
1939년 4월 공화파가 항복함으로써 스페인은 오랜 프랑코 독재로 들어가게 되었다.

* 인민연합 정부 시기 키만투 출판사에서 발행한 만화 잡지. 대중에게 정보를 주고 교육을 하기 위한 목적으로 발행되었다.

* Supercauro. 빈민가에서 자라 영양이 결핍된 아이로, 단백질을 섭취하면 힘이 넘쳐서 범죄자를 혼내고 물리친다.

* 산티아고 시내에 있는 이 건물은 자원봉사자들의 노력으로 275일 만에 완공되었다. 피노체트 정권 이후 여러 용도로 쓰이다가, 2006년 화재로 건물이 손상되자 바첼레트 대통령이 건물의 원래 이름과 용도를 회복하기로 결정하여 가브리엘라 미스트랄 문화 센터로 다시 문을 열었다. 현재는 전시장으로 활용되고 있다.

* 오스발도 로모(1938-2007)는 쿠데타 직후 비밀경찰을 위해 일하며 고문과 인권유린을 자행하였다. 1992년 브라질에서 칠레로 송환되어 재판을 받고 감옥에서 사망했다.

1972년 8월 21일.

푼타아레나스에서 상인 마누엘 아길라르가 경찰과 대치 중 사망했다. 상점들은 애도의 뜻으로 문을 닫았다.

산티아에서는 산업무역관리부에서 가게들에게 영업을 강제하자 폭력 사태가 발생했다.

산티아고 지역은 8월 28일까지 비상사태가 선포되었다.

소련과 쿠바 대사관, 사회당 사무총장과 노동부 장관, 경제부 장관의 집이 준군사조직에게 공격당했다.

8월 24일 마푸는 고조되는 파시스트의 움직임에 대처할 것을 요구했다.

1972년 8월 27일.

정부는 반동세력이 내전을 원하는 것이 아님을 믿습니다. 그래서 우리에게 노동자들을 진정시켜 달라고 요청했습니다.

하지만 너무 오래 참을 수는 없을 것입니다. 우리의 적 수백 명이 거리를 점령한다면, 우리는 수천 명으로 맞설 겁니다.

9월 계획이 밝혀졌다. CIA, 다국적 독점 기업들, 국민당, 조국과 자유, 일부 기독민주당 세력이 공모하여 정부를 전복시키려는 것이었다.

카를로스 알타미라노, 사회당 사무총장.

1972년 8월 31일.

"이 나라에 내전이 임박했다는 말을 들을 때마다 공포를 느낍니다. 설령 우리가 이긴다 하더라도, 물론 우리가 이겨야겠지만, 내전은 지워지지 않는 고통을 여러 세대에 남길 것입니다."

"나라도 파산이라는 것을 할 수 있다면, 칠레는 파산했다고 말할 수 있을 겁니다."
– 칠레 기업연합회 회장 오를란도 사엔스, 〈엘 메르쿠리오〉, 9월 4일.

"칠레의 노동자들은 경계와 전투의 태세로 파시즘에 맞서서 총파업에 돌입하고자 한다."
– 〈엘 시글로〉, 9월 4일.

야당은 점차 확실해지는 쿠데타 가능성에 대비했다.

킬라파윤의 음반 《산타마리아 데 이키케 칸타타》에 수록된 〈여자여 가자(Vamos mujer)〉의 일부. 1907년 광부들이 노동 조건 개선을 요구하다가 경찰에 의해 2500명 이상 학살된 사건을 다룬 곡이다. 이 콘셉트 음반은 누에바 칸시온 운동에서 가장 중요한 음반 중 하나이다.

* SOFOFA. 1883년 세워진 칠레 기업가 모임.

## 1973년

"기억나지 않습니다만, 그건 사실이 아닙니다.
사실이 아니며, 만일 사실이라면 저는 기억이 나지 않습니다."

- 아우구스토 피노체트

* 파트리시오 구스만의 영화 〈칠레 전투〉에는 촬영 중인 카메라맨이 쓰러지며 영상이 흔들리는 장면이 나오는데, 바로 레오나르도 엔릭센이 죽는 순간이다.

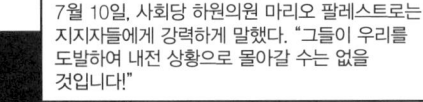

7월 10일, 사회당 하원의원 마리오 팔레스트로는 지지자들에게 강력하게 말했다. "그들이 우리를 도발하여 내전 상황으로 몰아갈 수는 없을 것입니다!"

7월 13일, 미르의 미겔 엔리케스는 군대와 경찰에게 상관의 명령에 불복종하라고 요청했다.

7월 16일, 조국과 자유는 지하단체가 될 것을 선언했다.

우리는 조국의 모든 정치 지도자들과 고위 책임자들이 대화의 가능성을 끝까지 놓지 않을 것을 간곡히 청합니다. 그러기 위하여 싸움을 멈추길 바랍니다.

7월 20일, 라울 실바 엔리케스 주교가 교회의 입장을 밝혔다.

ahora han masacrado un comandante mañana puede ser Ud.

지금 그들은 한 사령관을 살해했지만 내일은 당신이 희생될 수도 있습니다.

7월 26일, 대통령의 부관인 해군 대위 아르투로 아라야가 프로비덴시아의 자택에서 암살당했다.

무기통제법의 비호 아래 군인들은 공장과 좌파 조직 지부들을 폭력적으로 수색하기 시작했다.

8월 8일, 해군은 블랑코 알미란테호와 알미란테 라토레호에서 반란을 꾀한 23명을 체포했다.

같은 날, 상인 대표 라파엘 쿰시예는 파업을 요청하여 나라를 마비시키려 시도했다.

8월 9일, 아옌데는 집권 이후 여섯 번째로 꾸린 새로운 내각에 군대와 경찰 고위 인사들을 기용했다.

이날 육군의 아우구스토 피노체트, 공군의 구스타보 리, 해군의 호세 토리비오 메리노는 사령관 대리가 되었다.

8월 13일, 253개의 테러 공격이 있었다. 5명이 사망하고 100명이 넘는 부상자가 나왔으며, 수백만 에스쿠도의 손실이 발생했다.

같은 날, 아옌데는 트럭 운송 파업은 "반란 범죄이며, 체제를 뒤흔드는 것"이라고 비난했다.

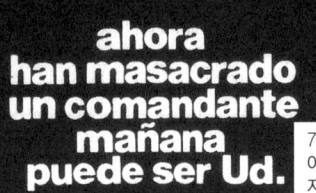

우파 여자들이 군인들에게 밀과 옥수수를 던지며 '암탉'이라고 소리치는 것이 흔한 일이 되었다.

8월 21일, 300명 정도의 장교 부인들이 프라츠 장군의 집 앞에 모여 시위하면서 인민연합에 반기를 들 것을 요구하는 탄원서를 전달했다.

이틀 뒤 프라츠는 국방부 장관과 육군 총사령관직을 사임했다.*

8월 23일, 아옌데, 프라츠, 피노체트가 회동을 한 뒤 피노체트가 새로운 육군 총사령관으로 임명되었다.

8월 28일, 조국과 자유의 로베르토 티에메는 도발적인 메시지를 던졌다. "우리는 무슨 수를 써서라도 인민연합 정부를 전복시킬 것입니다. 수천 명의 희생이 필요하다면 그조차 불사할 것입니다."

* 프라츠는 국회의원 선거 직후 내무부 장관직을 사임했지만 1973년 8월 9일 다시 국방부 장관으로 임명되었다.

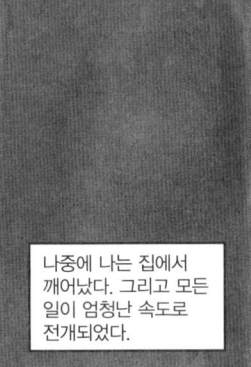

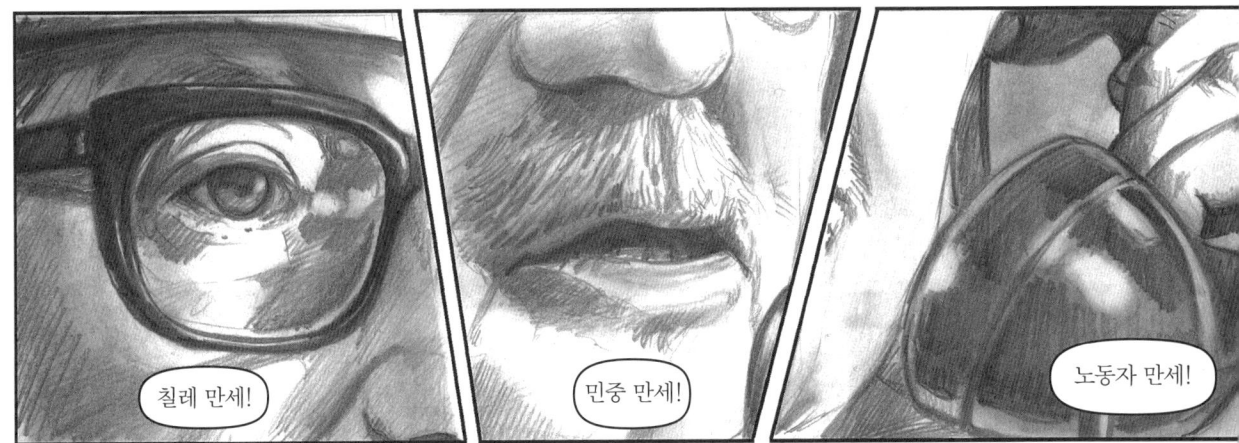

* 아옌데 정권의 언론비서관. 1990년 《치초 아옌데》라는 살바도르 아옌데의 전기를 출간했다.

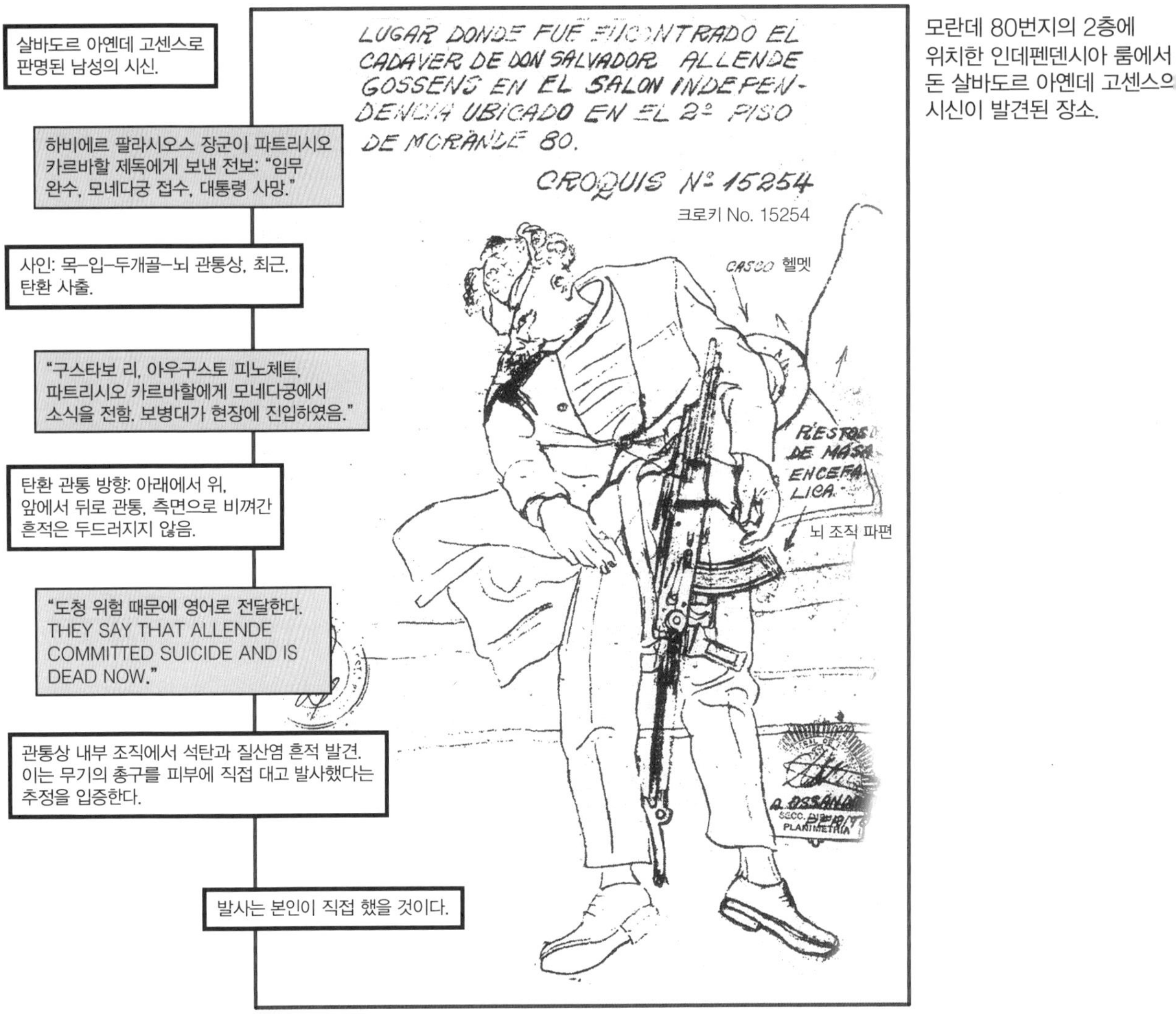

| | |
|---|---|
| 살바도르 아옌데 고센스로 판명된 남성의 시신. | 모란데 80번지의 2층에 위치한 인데펜덴시아 룸에서 돈 살바도르 아옌데 고센스의 시신이 발견된 장소. |

하비에르 팔라시오스 장군이 파트리시오 카르바할 제독에게 보낸 전보: "임무 완수, 모네다궁 접수, 대통령 사망."

사인: 목-입-두개골-뇌 관통상, 최근, 탄환 사출.

"구스타보 리, 아우구스토 피노체트, 파트리시오 카르바할에게 모네다궁에서 소식을 전함. 보병대가 현장에 진입하였음."

탄환 관통 방향: 아래에서 위, 앞에서 뒤로 관통, 측면으로 비껴간 흔적은 두드러지지 않음.

"도청 위험 때문에 영어로 전달한다. THEY SAY THAT ALLENDE COMMITTED SUICIDE AND IS DEAD NOW."

관통상 내부 조직에서 석탄과 질산염 흔적 발견. 이는 무기의 총구를 피부에 직접 대고 발사했다는 추정을 입증한다.

발사는 본인이 직접 했을 것이다.

LUGAR DONDE FUE ENCONTRADO EL CADAVER DE DON SALVADOR ALLENDE GOSSENS EN EL SALON INDEPENDENCIA UBICADO EN EL 2º PISO DE MORANDE 80.

CROQUIS Nº 15254
크로키 No. 15254

CASCO 헬멧

RESTOS DE MASA ENCEFALICA.
뇌 조직 파편

"아무 일도 저지르지 않은 사람들은 전혀 두려워할 것이 없다." 어느 칠레 일간지의 기사 제목이었다.

같은 면에 산티아고에서만 4000명이 체포되었다는 기사가 실렸다.

자기 집에서 체포된 사람들 중 많은 이들의 행방은 수년 뒤에도 알 수 없었다.

아우구스토 피노체트의 군부독재는 수천 명 칠레인의 인권을 조직적으로 짓밟아가며 17년간 유지되었다.

불확실한 시대가 지난 뒤, 드디어 나는 클라우디아의 소식을 알 수 있었다.

그것이 내가 41년이 흐른 뒤에 다시 칠레로 돌아가는 이유 중 하나였다.

■ 옮긴이의 말

# 살바도르 아옌데 집권기 칠레 역사에 대한 생생한 기록

《아옌데의 시간》은 카를로스 레예스가 글을 쓰고 로드리고 엘게타가 그림을 그린 그래픽노블이다. 이 작품은 1970년 9월 대선에서 승리한 후 1973년 9월 11일 쿠데타로 끝난, 칠레 인민연합 살바도르 아옌데 대통령의 집권 시기를 그렸다.

이야기는 칠레 대선을 취재하기 위해 온 미국 특파원 존 니치의 관점으로 진행된다. 청년 기자 존 니치는 자신을 산티아고 공항에서 시내로 데려다준 택시기사 마르셀로, 칠레에 머무르던 미국 언론인 노이만, 공연장에서 만난 미르의 청년당원 클라우디아, 호세와 친구가 되어 낯선 칠레 사회 속으로 들어간다. 니치는 아옌데의 집권이 시작되어 쿠데타가 발발하기까지 격렬했던 3년여의 시간을 보낸 뒤 칠레를 떠났고, 40년이 지난 뒤 칠레에서 겪은 일에 대해 책을 출간하는데 이 그래픽노블이 바로 그가 쓴 책의 내용이다. 이 작품은 이처럼 '책 속의 책' 형식을 취하고 있다.

존 니치가 칠레에 도착했던 1970년은 '자유 속의 혁명'이라는 슬로건을 내걸고 당선된 기독민주당의 에두아르도 프레이가 집권하고 있었고, 사회 전반에 변화에 대한 열망이 컸던 때였다. 사회당의 살바도르 아옌데는 좌파연정이었던 인민연합의 후보로서 '사회주의로 가는 칠레의 길(Vía chilena al socialismo)'이라는 공약을 내걸고 대선에 출마한다. 이 공약은 무장혁명이 아니라 선거와 법의 절차를 통해서 사회주의를 이루어낸다는 의미였고, 그의 정치적 실험은 세계의 주목을 받았다. 어느 누구도 결과를 장담하기 힘들었던 9월 4일 선거는 국민당의 호르헤 알레산드리(35.29%), 기독민주당의 라도미로 토믹(28.08%) 후보로 표가 분산되면서 36.63%를 득표한 아옌데가 근소한 차이로 승리했고, 2위 알레산드리 후보와 의회에서 결선투표를 치른 뒤 최종적으로 11월 4일 칠레 대통령에 취임하였다.

인민연합은 집권 직후 우선적으로 40개의 정책을 실행하며 새로운 정권의 시작을 알렸고, 이후 인민연합이 펼친 가장 중요한 정책은 바로 토지개혁과 구리 국유화였다. 두 정책 모두 인민연합이 독자적으로 처음 실행한 것은 아니며 과거 정권에서 이미 시도되었던 것을 더욱 심화한 것이었다. 토지개혁은 1962년 알레산드리 정부에서 시작되었던 것을 이후 프레이 정부가 이어받아 '땅을 경작하는 이에게 토지를'이라는 슬로건을 내걸고 실행하였다. 아옌데는 프레이 정부 때 만들어진 법적인 장치를 이용하고 농지개혁회(CORA)를 통해 주요 대농장을 몰수하여 정부와 협동조합이 관리하도록 하거나 농민들에게 배분했으며, 쿠데타가 일어나기 직전까지 대농장을 포함 4,400개가량의 토지를 몰수하고 보상, 분배, 국유화하였다.

구리 국유화에 대해서는 20세기 초 미국 자본이 대구리광산이라고 불리는 큰 광산들을 운영하기 시작한 이후부터 꾸준히 이를 요구하는 목소리가 있었고, 프레이 정권에서 '구리의 칠레화'를 추진하며 미국 구리 광산의 지분을 확보해 구리 생산에 칠레 정부가 개입할 여지를 확대했다. 칠레에서 구리 국유화에 대한 열망은 정치 진영을 가리지 않았기 때문에 아옌데 집권 이후 국유화 법안은 의회에서 만장일치로 통과되었고, 이후 미국 케네코트와 아나콘다 사의 재산을 몰수하는 절차를 거치게 된다. 아옌데는 미국 정부와 보상을 협의했으나 합의에 도달하지 못했고, 그간 미국 기업들이 구리 채굴로 초과 이익을 가져갔다는 판단하에 한 푼도 지불하지 않았다.

당시는 냉전이 한창인 때였으므로 미국 입장에서는 쿠바 혁명 이후 남아메리카에 또 다른 사회주의 국가가 안착하는 것을 방관할 수 없었다. 또한 자국 기업의 이익도 지켜야 했으므로 미국은 CIA를 통해 칠레의 내정에 개입하게 된다. 1970년 의회에서 투표로 대통령 당선을 막는다는 1안이 실패하자 2안으로 쿠데타가 기획되었다. 단시간에 풀기 힘든 경제적인 문제, 극우파의 방해 공작과 선전전, 좌우를 막론하고 빈번하게 발생하는 테러 행위 등으로 집권 3년차인 1973년에는 쿠데타가 언제 일어나도 이상하지 않을 정도로 상황이 악화되었고, 아옌데는 마지막 수단으로 군인들을 내각에 기용함으로써 상황을 진정시키고자 했다. 그러나 아옌데가 직접 육군 총사령관으로 임명한 피노체트가 해군과 공군, 경찰과 함께 쿠데타를 이끈 뒤 군부 내에서 권력을 장악했다. 군사 정권이 과도기적으로 들어선 것으로 믿은 많은 이들의 예상을 깨고, 피노체트는 엄청난 공포정치와 정보기관, 폭력을 동원하여 이후 17년간 칠레를 통치한다.

한편, 칠레의 이러한 정치적 상황 외에도 이 작품이 다루는 또 다른 중요한 줄기는 아옌데 시기의 문화운동과 정책이다. 칠레의 사회정치적 변동 속에서 60년대부터 새로운 문화적 시도들이 이루어졌고, 칠레 문화 전반에 매우 깊은 영향을 미쳤다. 칠레 누에바 칸시온(새 노래) 운동, 라모나 파라 여단 등의 벽화 운동과 시각디자인 혁신, 칠레 새영화운동 등이 생겨났으며, 출판과 언론 영역의 새로운 시도들은 아옌데의 집권 과정에 참여했을 뿐만 아니라 인민연합 시기 동안 의미 있는 창작물들을 남겼다.

우선 가장 많이 알려진 누에바 칸시온은 비올레타 파라의 두 자녀 이사벨과 앙헬이 1965년 파리

에서 돌아온 직후 산티아고 시내에 '파라 가족의 페냐'라는 음악, 문화공간을 만들면서 구심점을 갖게 되었다. 이곳에서 누에바 칸시온의 많은 멤버들이 공연을 했고, 산티아고와 발파라이소의 대학가에 이 장소를 본뜬 여러 공간이 생겼다. 대학생들로 구성된 음악 그룹 킬라파윤과 인티이이마니가 만들어져 새로운 악기와 소리를 실험하고 시대의 메시지를 담았으며, 빅토르 하라 역시 이 두 그룹을 도우며 당시의 정치적 상황에서는 연극보다는 음악이라는 도구가 훨씬 효율적이라고 판단하여 잠시 본업인 연극을 내려두고 누에바 칸시온 안으로 들어갔다. 그는 아옌데의 선거 캠페인부터 시작하여 집권 이후에는 인민연합 문화대사로 활동하였으며, 칠레 민속 문화의 뿌리와 칠레의 정치, 사회적 상황에 대한 매우 뛰어난 음반들을 연이어 내놓는다. 누에바 칸시온의 음악은 상업 레이블로도 출시되었지만 칠레 공산당 청년부에서 만든 디캅(Dicap) 레이블에서 많이 나왔는데 이 디캅의 디자인 파트를 안토니오 · 비센테 라레아 형제, 루이스 알보르노스 등이 주도하여 매우 대담하고 아름다운 음반 디자인, 공연 포스터, 선전물들을 만들어냈고, 이들의 창작물은 칠레 시각디자인에 일대 혁신을 이루었다.

출판 역시 작품에서 다루었듯 키만투 출판사의 출판 프로젝트가 가장 중요하고 또 상징적이었다. 인민연합의 집권 이후 지그재그 출판사의 출판 노동자들의 요구로 1971년 칠레 정부가 출판사를 매입하여 국영출판사로 거듭난 것이 바로 키만투다. 책이 소수의 전유물이며 비싸고 귀했던 칠레에서 키만투는 여러 주제로 문고판을 찍어내어 아주 저렴한 가격으로 대량 공급함으로써 출판 붐을 만들어냈다. 이와 더불어 《라피르메》,《라모나》 등 여러 잡지들이 활성화되어 대중적, 좌파적 기반의 문화적 부흥에 기여한다. 영화 역시 국영 칠레영화기구(Chile Films)가 만들어짐으로써 칠레 새영화 운동이 가속화되었고 미겔 리틴, 파트리시오 구스만, 알도 프란시아, 라울 루이스 등의 감독이 활동하였다.

하지만 쿠데타가 일어남으로써 이러한 문화적 운동과 흐름은 일시에 멈추게 된다. 이 흐름에 참여했던 예술가들을 보면 쿠데타 직후 빅토르 하라처럼 군인들에 의해 살해당한 극단적인 경우도 있었고, 많은 이들이 망명을 떠나 상당히 고통스러운 과정을 겪으며 창작을 그만두었으며, 그중 일부는 망명지에서 예술적으로 지평을 넓히고 성장하기도 했다. 피노체트 통치가 끝날 무렵 이들에 대한 입국 정지가 풀렸으나 돌아온 이들은 마치 새로운 나라인 양 다시 칠레에 적응해나가며 고군분투해야만 했다. 칠레를 떠나지 않았던 많은 문화예술인들 역시 나름의 방식으로 저항하고 생존하며 그 시간을 버텼다. 이 작품은 아옌데의 통치를 둘러싼 정치사회적 상황 외에도 문화의 영역에서도 많은 새로운 시도와 움직임이 있었음을 여러 에피소드를 통해 다루고 있으며, 이것이 칠레 문화에 지금까지도 영향을 미치고 있는 매우 중요한 사건이었다는 점을 강조하고 있다.

개인적으로는 상당히 잘 알고 있다고 생각한 주제여서 번역을 맡았으나 두 칠레인 저자가 여러 자료들을 정확히 참조하여 쓰고 그린 내용에는 새로운 정보들이 많았다. 그리고 당시와 같은 맥락의 문제와 갈등이 여전히 해소되지 않은 현재 칠레 사회를 내내 떠올려보게 되었다. 선거를 통해 사회주의를 이룬다는 약속에 대해 아옌데 자신이 어느 정도의 확신을 가졌는지 알 수 없지만 집권 마지막 단계에서는 상황을 거의 통제하기 힘든 지경에 도달했고, 여러 자료를 찾아보면서 애초에 그는 실패가 예정된 싸움을 시작한 것이라는 생각이 들었다. 아옌데는 왜 그 길을 가야 했을까 라는 질문이 계속 맴돈다.

사실 칠레라는 나라의 여러 측면 중에서 아옌데의 인민연합 시기와 피노체트의 쿠데타는 한국어로 그나마 많은 정보가 있고 알려진 주제이다. 그럼에도 특정한 부분에 관해 이 정도로 세밀하게 칠레인의 관점과 정보가 투영된 자료를 구하기는 쉽지 않다는 점에서 《아옌데의 시간》은 가치 있는 작품이다. 그래픽노블이라는 형식을 통해 좀 더 쉽고 생생하게 칠레 역사의 중요한 한 장에 접근할 수 있게 해주는 책이 되기를 바라본다.

2020년 9월 옮긴이 정승희

■ 함께 읽으면 좋은 책

《빅토르 하라: 아름다운 삶, 끝나지 않은 노래》, 조안 하라 저, 차미례 역, 삼천리, 2008.
《칠레의 모든 기록》, 가브리엘 가르시아 마르케스 저, 조구호 역, 간디서원, 2011.
《기억하라, 우리가 이곳에 있음을: 칠레, 또 다른 9.11》, 파블로 네루다 외 저, 서해문집. 2011.
《살바도르 아옌데: 혁명적 민주주의자》, 빅터 피세로아 클라크 저, 성인환 역, 서해문집, 2016.

**카를로스 레예스** (1967년 칠레 산티아고 출생)

만화 대본가, 편집자. 1999년부터 만화 작업을 시작하였으며, 작품으로는 《형사 에레디아》(2011), 《지진과 함께 살기》(2011), 《아옌데의 시간》(2015) 등이 있다. 칠레 그래픽노블에 대한 종합 사이트인 ergocomics.cl을 이끌고 있다.

**로드리고 엘게타** (1971년 칠레 산티아고 출생)

삽화가이자 여러 출판사의 일러스트레이터로 작업했다. 토레스 델 파이네를 방문하고 영감을 받아 이야기를 구상하고 직접 그림을 그려《여우원숭이 용》(2011)을 출간했으며, 칠레 소설가 라몬 디아스 에테로빅의 연작 소설을 바탕으로 한 《형사 에레디아》(2011)의 삽화를 카를로스 레예스와 공동으로 맡았다. 카를로스 레예스와 함께 만든 《아옌데의 시간》(2015)은 그해 출간된 최고의 그래픽노블 중 하나로 칭송받았다.

**옮긴이 정승희**

고려대학교 서어서문학과를 졸업하고 서울대학교에서 중남미 문학으로 석사학위를 받았으며, 칠레국립대학교에서 칠레·중남미 문학 박사과정을 수료하였다. 중남미 문학과 예술을 폭넓게 공부하고 지금은 콜럼버스의 《항해일지》로 박사논문을 준비 중이다.
번역한 책으로 《쓸모없는 노력의 박물관》, 《금지된 정열》, 《저개발의 기억》이 있다.